문학과지성 시인선 294

소

김기택 시집

문학과지성사

문학과지성사에서 펴낸 김기택의 시집

태아의 잠(1991)
바늘구멍 속의 폭풍(1994)
갈라진다 갈라진다(2012)
낫이라는 칼(2022)

문학과지성 시인선 294
소

초판 1쇄 발행 2005년 1월 19일
초판 15쇄 발행 2022년 9월 29일

지 은 이 김기택
펴 낸 이 이광호
펴 낸 곳 ㈜문학과지성사
등록번호 제1993-000098호
주   소 04034 서울 마포구 잔다리로7길 18(서교동 377-20)
전   화 02)338-7224
팩   스 02)323-4180(편집) 02)338-7221(영업)
전자우편 moonji@moonji.com
홈페이지 www.moonji.com

ⓒ 김기택, 2005. Printed in Seoul, Korea

ISBN 89-320-1567-8 02810

이 책의 판권은 지은이와 ㈜문학과지성사에 있습니다.
양측의 서면 동의 없는 무단 전재 및 복제를 금합니다.

문학과지성 시인선 294

소

김기택

2005

시인의 말

　너무 건조해서 불면 먼지가 날 것 같은 머리와 가슴. 도저히 시가 나올 것 같지 않은 그곳에서 그래도 시가 나오는 이유는 끊임없이 몸을 물고 늘어지며 뒤척이는 마음이 있기 때문. 지루하고 답답한 삶의 압력이 강제로 상상력을 분출시키기 때문.

2005년 1월
김기택

소

차례

▨ 시인의 말

소가죽 구두 / 7
자전거 타는 사람 / 8
타이어 / 10
얼룩 / 11
계란 프라이 / 12
불룩한 자루 / 13
풀벌레들의 작은 귀를 생각함 / 14
소나무 / 16
소 / 17
혀 / 18
복잡한 거리의 소음 속에서 / 19
직선과 원 / 20
아줌마가 된 소녀를 위하여 / 22
물 위에서 자다 깨어보니 / 24
우글우글하구나 나무여 / 25
어린 나무들 / 28
황토색 / 29
그루터기 / 30

머리 깎는 시간 / 32
빗방울 길 산책 / 34
맑은 공기에는 조금씩 비린내가 난다 / 35
유리창의 송충이 / 36
상계동 비둘기 / 38
수화 / 39
벽 / 40
무단 횡단 / 41
재채기 세 번 / 42
눈길에 미끄러지다 / 44
거부할 수 없는 유산 / 46
다리가 저리다 / 48
타조 / 50
양철 낙엽 / 52
토끼 6섯 마리 / 53
물은 좌판 위에 누워 있다 / 54
상계1동 수락산 입구 / 56
흰 스프레이 / 57
주말 농장 / 58
나무들 / 60
토끼 / 61
수나 예잔 / 62
티셔츠 입은 여자 / 64
멋진 옷을 보고 놀라다 / 66
버스 기다리는 사람들 / 68

전자레인지 / 70
열대야 / 71
가로수 / 72
기이한 은총 / 74
초록이 세상을 덮는다 / 76
어린 시절이 기억나지 않는다 / 78
범바위굿당 할머니들 / 80
그들의 춘투 / 82
물불 / 84
명태 / 86
귤 / 88
분수 / 89
교동도에서 / 90
어떻게 기억해냈을까 / 92

해설 · 거대한 침묵 · 이혜원 / 94

소가죽 구두

비에 젖은 구두
뻑뻑하다 발이 잘 들어가지 않는다
신으려고 애쓰면 애쓸수록
구두는 더 힘껏 가죽을 움츠린다
구두가 이렇게까지 고집을 부린 적은 없었다
구두 주걱으로 구두의 아가리를 억지로 벌려
끝내 구두 안에 발을 집어넣고야 만다
발이 주둥이를 틀어막자
구두는 벌어진 구두 주걱 자국을 천천히 오므린다
제 안에 무엇이 들어왔는지도 모르고
소가죽은 축축하고 차가운 발을 힘주어 감싼다

자전거 타는 사람
—— 김훈의 자전거를 위하여

당신의 다리는 둥글게 굴러간다
허리에서 엉덩이로 무릎으로 발로 페달로 바퀴로
길게 이어진 다리가 굴러간다
당신이 힘껏 페달을 밟을 때마다
넓적다리와 장딴지에 바퀴 무늬 같은 근육이 돋는다
장딴지의 굵은 핏줄이 바퀴 속으로 들어간다
근육은 바퀴 표면에도 울퉁불퉁 돋아 있다
자전거가 지나간 길 위에 근육 무늬가 찍힌다
둥근 바퀴의 발바닥이 흙과 돌을 밟을 때마다
당신은 온몸이 심하게 흔들린다
비포장도로처럼 울퉁불퉁한 바람이
당신의 머리칼을 마구 흔들어 헝클어뜨린다
당신의 자전거는 피의 에너지로 굴러간다
무수한 땀구멍들이 벌어졌다 오므라들며 숨쉬는 연료
뜨거워지는 연료 땀 솟구치는 연료
그래서 진한 땀 냄새가 확 풍기는 연료
당신의 2기통 콧구멍으로 내뿜는 무공해 배기가스는
금방 맑은 바람이 되어 흩어진다
달달달달 굴러가는 둥근 다리 둥근 발
둥근 속도 위에서 피스톤처럼 힘차게 들썩거리는

둥근 두 엉덩이와 둥근 대가리
그 사이에서 더 가파르게 휘어지는 당신의 등뼈

타이어

놀라 돌아보니 승용차가 트럭 앞에 급정거하고 있다
그 악쓰는 소리가 도살당하는 돼지의 비명을 닮았다

도로가 죽음으로 질주하는 타이어를 강제로 잡아당기니
두려움의 끝까지 간 마음이 내지르는 소리가 나는구나
둥글고 탄력 있는 타이어도 극한 상황에서는
돼지의 성대를 지나가는 공기처럼 진동하며 우는구나

일그러진 승용차가 견인차에 끌려 떠난 자리에
두 줄기 길고 검은 타이어 자국이 남아 있다
단말마로 악쓰다가 아스팔트 바닥에 붙어버린 마음을
아무것도 모르는 타이어들이 씽씽 밟고 지나간다

얼룩

달팽이 지나간 자리에 긴 분비물의 길이 나 있다

얇아서 아슬아슬한 감각 아래 느리고 미끌미끌하고 부드러운 길

슬픔이 흘러나온 자국처럼 격렬한 욕정이 지나간 자국처럼

길은 곧 지워지고 희미한 흔적이 남는다

물렁물렁한 힘이 조금씩 제 몸을 녹이며 건조한 곳들을 적셔 길을 냈던 자리, 얼룩

한때 축축했던 기억으로 바싹 마른 자리를 견디고 있다

계란 프라이

자궁처럼 둥글고
정액처럼 걸쭉하고 투명한 액체인
병아리는
이윽고 납작해진다 프라이팬 위에서
점점 하얗게 응고되면서
꿈틀거린다 뜨거운 식용유를 튀기며
꿈틀거린다 불투명한 방울을 들썩거리며
꿈틀거린다 고소한 비린내를 풍기며
꿈틀거린다 굳어버린 눈 굳어버린 날개로
꿈틀거린다 보이지 않는 등뼈와 핏줄을 오그라뜨리며

한번도 떠보지 못한 눈과
한번도 뛰어보지 못한 심장과
물 한 모금 먹어본 적 없는 노란 부리와
똥 한번 싸본 적 없는 똥구멍이
자유롭고 평등하게 뒤섞여 응고된
계란 프라이
흰 접시에 담겨진다
열린음악회 흥겨운 노랫가락이 퍼지고
따뜻한 김이 오르는 저녁 밥상

불룩한 자루

겨울 아침.
집 앞 쓰레기통 옆에
낯선 자루 하나,
배가 불룩하다.

— 치웠어?
— 응, 자루에 넣어서 버렸어.
— 잘했어. 글쎄, 통 밥을 안 먹고 집에만 틀어박혀 있는 거야. 이상해서 만져보니까 차갑고 딱딱하더라구.

국밥은 얼어 있다.
늘 비어 있던
너무나 열심히 핥아 바닥이 반질반질하던
찌그러지고 가장자리에 때가 새까맣던 개밥 그릇.
오늘은 밥으로 불룩하다.

산 같은 쓰레기 매립장.
그 속은 뜨겁다고 한다.
그 속에 관을 박아 뽑아 올린 가스로
불도 때고 라면도 끓여 먹는다고 한다.

풀벌레들의 작은 귀를 생각함

텔레비전을 끄자
풀벌레 소리
어둠과 함께 방 안 가득 들어온다
어둠 속에서 들으니 벌레 소리들 환하다
별빛이 묻어 더 낭랑하다
귀뚜라미나 여치 같은 큰 울음 사이에는
너무 작아 들리지 않는 소리도 있다
그 풀벌레들의 작은 귀를 생각한다
내 귀에는 들리지 않는 소리들이 드나드는
까맣고 좁은 통로들을 생각한다
그 통로의 끝에 두근거리며 매달린
여린 마음들을 생각한다
발뒤꿈치처럼 두꺼운 내 귀에 부딪쳤다가
되돌아간 소리들을 생각한다
브라운관이 뿜어낸 현란한 빛이
내 눈과 귀를 두껍게 채우는 동안
그 울음소리들은 수없이 나에게 왔다가
너무 단단한 벽에 놀라 되돌아갔을 것이다
하루살이들처럼 전등에 부딪쳤다가
바닥에 새카맣게 떨어졌을 것이다

크게 밤공기 들이쉬니
허파 속으로 그 소리들이 들어온다
허파도 별빛이 묻어 조금은 환해진다

소나무

솔잎도 처음에는 널따란 잎이었을 터.
뾰족해지고 단단해져버린 지금의 모양은
잎을 여러 갈래로 가늘게 찢은 추위가 지나갔던 자국.
파충류의 냉혈이 흘러갔던 핏줄 자국.

추위에 빳빳하게 발기되었던 솔잎들
아무리 더워져도 늘어지는 법 없다.
혀처럼 길게 늘어진 넓적한 여름 바람이
무수히 솔잎에 찔리고 긁혀 짙푸르러지고 서늘해진다.

지금도 쩍쩍 갈라 터지는 껍질의 비늘을 움직이며
구불텅구불텅 허공으로 올라가고 있는 늙은 소나무.
그 아래 어둡고 찬 땅 속에서
우글우글 뒤엉켜 기어가고 있는 수많은 뿌리들.

갈라 터진 두꺼운 껍질 사이로는
투명하고 차가운 피, 송진이 흘러나와 있다.
골 깊은 갈비뼈가 다 드러나도록 고행하는 고승의
몸 안에서 굳어져버린 정액처럼 단단하다.

소

소의 커다란 눈은 무언가 말하고 있는 듯한데
나에겐 알아들을 수 있는 귀가 없다.
소가 가진 말은 다 눈에 들어 있는 것 같다.

말은 눈물처럼 떨어질 듯 그렁그렁 달려 있는데
몸 밖으로 나오는 길은 어디에도 없다.
마음이 한 움큼씩 뽑혀나오도록 울어보지만
말은 눈 속에서 꿈쩍도 하지 않는다.

수천만 년 말을 가두어 두고
그저 끔벅거리고만 있는
오, 저렇게도 순하고 동그란 감옥이여.

어찌해볼 도리가 없어서
소는 여러 번 씹었던 풀줄기를 배에서 꺼내어
다시 씹어 짓이기고 삼켰다간 또 꺼내어 짓이긴다.

혀

수박을 우적우적 씹어 삼키고 난 그의 입에서
대여섯 개의 수박씨가 차례로 튀어나왔다.
벙어리장갑처럼 뭉툭한 혀는
이빨 사이에서 힘차게 으깨지는 수박 속에서
정확하게 씨를 골라내고 있었던 것이다.
수박을 먹으며 그는 하던 말을 계속 이었다.
그가 수박씨 다음으로 내뱉는 말들이
수박 파편들을 피해가며 정확한 발음을 내도록
혀는 쉴 새 없이 빠르게 움직이고 있었다.
저 작은 입으로 갈비와 맥주와 냉면이 들어가고
수박까지 남김없이 다 들어간 것은
입구멍 안에 어둡게 숨어 있는 혀 탓일 것이다.
먹을 만큼 먹어 더 먹을 마음이 없어진 혀는
수고했다고 등 두드려주는 두툼한 손바닥처럼
이와 입술을 오랫동안 정성껏 핥아주었다.
실컷 먹고 마시고 떠들고 난 그는
개고기 끝내주는 집이 있는데 다음엔 거기 가자고
차만 안 막히면 한 시간에 충분히 갈 수 있다고
중복 점심에는 다른 약속 하지 말라고
혀로 입맛을 다시며 내게 다짐을 받아두었다.

복잡한 거리의 소음 속에서

복잡한 거리의 소음 속에서
아빠를 부르는 아이 목소리가 들린 듯하였다.
그 소리가 귀에 거슬릴 만큼 커져서
그 소리에 꼼지락거리는 발음이 달릴 만큼 커져서
바로 내 뒤까지 왔다는 느낌이 되어서야
뒤를 돌아보았다. 달려오던 소리는
날 이상하게 쳐다보는 작은 여자아이의 눈이 되어
놀라, 멈칫거리더니, 주위를 두리번거리더니
획 돌아서 더 크게 아빠를 부르는 소리가 되어

멀어져갔다. 조금 전까지만 해도 아빠였다가
아이와 눈이 마주치는 순간
처음 보는 얼굴로 변해버리는 거리 속으로
멀어져갔다. 아빠가 아닌 사람들은 모두
뒤돌아보는 순간 똑같은 얼굴이 되는 거리 속으로
멀어져갔다. 아이가 부른 아빠들이
무수한 소리와 섞여 하나의 소음이 되는 거리 속으로
멀어져갔다. 아이가 부른 모든 아빠를 삼키고
고요하게 묵상하고 있는 거대한 거리의 소음 속으로.

직선과 원

옆집에 개가 생김.
말뚝에 매여 있음.
개와 말뚝 사이 언제나 팽팽함.
한껏 당겨진 활처럼 휘어진 등뼈와
굵고 뭉툭한 뿌리 하나로만 버티는 말뚝,
그 사이의 거리 완강하고 고요함.
개 울음에 등뼈와 말뚝이 밤새도록 울림.
밤마다 그 울음에 내 잠과 악몽이 관통당함.
날이 밝아도 개와 말뚝 사이 조금도 좁혀지지 않음.

직선:
등뼈와 말뚝 사이를 잇는 최단거리.
온몸으로 말뚝을 잡아당기는 발버둥과
대지처럼 미동도 않는 말뚝 사이에서
조금도 늘어나거나 줄어들지 않는 고요한 거리.
원:
말뚝과 등거리에 있는 무수한 등뼈들의 궤적.
말뚝을 정점으로 좌우 위아래로 요동치는 등뼈.
아무리 격렬하게 흔들려도 오차 없는 등거리.
격렬할수록 완벽한 원주(圓周)의 곡선.

개와 말뚝 사이의 거리와 시간이
이제는 철사처럼 굳어져 더 이상 움직이지 않음.
오늘 주인이 처음 개와 말뚝 사이를 끊어놓음.
말뚝 없는 등뼈 어쩔 줄 모름.
제자리에서 껑충껑충 뛰기도 하고 달리기도 함.
굽어진 등뼈 펴지지 않음.
개와 말뚝 사이 아무것도 없는데
등뼈, 굽어진 채 뛰고 꺾인 채 달림.
말뚝에서 제법 먼 곳까지 뛰쳐나갔으나 곧 되돌아옴.
말뚝 주위를 맴돌기만 함.
개와 말뚝 사이 여전히 팽팽함.

아줌마가 된 소녀를 위하여

마흔이 넘은 그녀는
아직도 나를 오빠라고 불렀다.
오빠, 옛날하고 똑같다!
오빠, 신문에서 봤어.
오빠 시집도 읽었어, 두 권이나!
얼굴은 낯설었으나 웃음은 낯익었다.
그녀가 웃을 때마다 중년의 얼굴에서
옛날에 보았던 소녀가 뛰어나왔다.

작고 어리던 네가
다리 사이에 털도 나고 브래지어도 차는
크고 슬픈 몸이 되었구나.
네 가녀린 몸을 찢고
엄마보다 큰 고등학생 딸과
중학생 아들이 나왔구나.
긴 세월은 남편이 되고 아이들이 되어
네 몸에 단단히 들러붙어
마음껏 진을 빼고 할퀴고 헝클어뜨려놓았구나.

삼십 여 년 전의 얼굴을 채 익히기도 전에

엄마와 아내를 찾는 식구들이 쳐들어오자
소녀는 얼른 웃음을 거두고
중년의 얼굴로 돌아갔다.
오빠, 갈게.
손 흔들며 맑게 웃을 때 잠깐 보이던 소녀는
돌아서자마자 수다를 떨며
다 큰 아이들에게 잔소리를 퍼부으며
다시 흔한 아줌마가 되어 있었다.

물 위에서 자다 깨어보니

배 위에서 잠이 들었다.
바람소리에도 흔들렸고 물소리에도 흔들렸다.
망망대해 나 혼자였지만
물소리 바람소리 사방에서 소란스러웠다.
오래전부터 들어온 소리로 편안하였다.
바다처럼 커다란 아가미로 숨 쉬었다.
출렁거리는 들숨 날숨마다
무수한 햇빛 방울이 다닥다닥 달려 있었다.

갑자기 파도가 커지고 높아지더니
배가 한쪽으로 크게 기울었다.
중심을 잃고 물에 빠지고 말았다.
눈을 떠보니 전동차 안이었다.
빽빽한 사람들 사이에 낀 채 곧게 서 있었다.
나는 선 채로 허우적거리고 있었고
사람들은 모두 거친 파도 소리를 내며
급제동으로 쓰러진 몸을 일으키고 있었다.

우글우글하구나 나무여

한 발짝도 움직일 수 없어 답답할 줄 알았더니
일평생 꼼짝 못하고 한 자리에만 있어 외롭고 심심할 줄 알았더니

우글우글하구나 나무여
실뿌리에서 잔가지까지 네 몸 안에 나 있는 모든 길은
가만히 있는 것 같지만 쉬지 않고 움직이는 그 구불구불한 길은
뿌리나 가지나 잎 하나도 빠짐없이 다 지나가는 너의 길고 고단한 길은

우글우글하구나 나무여
번개의 뿌리처럼 전율하며 끝없이 갈라지는 길은
괴팍하고 모난 돌멩이들까지 모두 끌어안고 가는 너의 길은
길을 막고 버티는 바위를 휘감다가 끝내 바위가 되기도 하는 너의 길은

우글우글하구나 나무여
추위로 익힌 독한 향기를 몰고 꽃에게 달려가는 수액은

가지에 닿자마자 소리지르며 하늘로 솟구치며 터지는 꽃들은
 온몸에 제 정액을 묻힐 때까지 벌 나비 주둥이를 쥐고 놓아주지 않는 꽃들은

 우글우글하구나 나무여
 한 몸으로 꽃처럼 많이도 임신한 너의 자궁은
 불룩한 배를 가지마다 매달아놓고 무겁게 흔들리는 너의 자궁은
 이빨 가진 입들을 빌려 자궁을 부숴버려야 밖으로 나오는 너의 씨앗들은

 땅에 붙박인 채 오도 가도 못하고 살아도 죽어 있는 것만 같더니

 우글우글하구나 나무여
 어느 다리보다 먼 길을 걸어온 네가 발산하는 침묵은
 발 다리 달린 벌레며 짐승들이 매일 들으며 자라는 너의 침묵은
 잎에서 잎으로 길로 허공으로 퍼져나가 산처럼 거대

해지는 너의 침묵은

어린 나무들

새로 난 산길을 따라 나무들이 베어져 있다.
이제 겨우 소녀의 종아리 굵기만큼 자란 나무들이다.
근육과 핏줄이 잘려나간 동그란 단면마다 잔잔한 파문이 일고 있다.
껍질이 벗겨진 나무들이 차곡차곡 한쪽에 쌓여 있다.
강제로 벗겨진 하반신처럼 유난히 희어서 부끄러운 살색이다.

황토색

겨울 산은 울퉁불퉁한 등을 구부리고 엎드려
누렇게 그을린 햇볕을 받고 있다
그 밑에서 집들도 납작하게 누워
졸음 많은 햇볕을 쪼이고 있다
늦은 2월, 남녘의 햇볕은 황토색이다
겨울 산도 겨울 나무도 겨울 들판도
햇볕이 깊이 들어 따뜻한 땅 색깔이다
짙은 황토색 땅을 닮은 황구와 황소들이
어느 집 마당에서나 졸고 있다
남녘에는 황토색 얼굴을 가진 사람들이 산다
햇볕을 받으면 수만 년 묵은 빛깔이 우러나와
쳐다볼수록 눈이 따뜻해진다

그루터기

한때
그 작은 연못은
커다란 분수였습니다.
땅속에 스며든 물방울 씨앗 하나가
거대한 물기둥으로 솟아올라
하늘을 덮고 큰 그늘을 거느리던 곳이었습니다.

지붕에
맺힌 물방울들은
떨어지고 맺히고 떨어지고 맺히고
꽃이 되었다가 잎이 되었다가 열매가 되었다가
후드득 떨어지면 차고 커다란 바람이 되기도 하였다가
다시 무수한 물방울로 되돌아가곤 하였습니다.

지금
분수가 있던 자리에는
키 작은 냄비 같은 연못이 하나 있습니다.
땅속에서 이글거리는 뿌리의 불꽃을 받아
낮은 파문을 일으키며 끓고 있습니다.
솟아오르려고 하지만 작고 동그란 파문만 일어날 뿐.

작은
연못에 엉덩이를 대고
한 노인이 걸터앉아 있습니다.
한때는 솟구치는 물줄기였지만, 불꽃이기도 했지만
이제는 높은 키도 사라지고 조용하고 편편해서
오가다 지친 사람들은 누구나 앉아 쉬었다 가는 곳입니다.

머리 깎는 시간

이발사는 희고 넓은 천 위에
내 머리를 꽃병처럼 올려놓는다.
스프레이로 촉촉하게 물을 뿌린다.
이 무성한 가지를 어떻게 전지(剪枝)하는 게 좋을까
빗과 가위를 들고 잠시 궁리하는 눈치다.
이발소는 시계 초침 소리보다 조용하다.
시계만 가고 시간은 멈춘 곳에서
재깍재깍 초침 같은 가위가 귓가에 맑은 소리를 낸다.
그 맑은 소리를 따라간다. 가위 소리에서
찰랑찰랑 물소리가 나도록 귀 기울여 듣는다.
싹둑, 머리카락이 가윗날에 잘릴 때
온몸으로 퍼지는 차가운 진동.
후드득, 흰 천 위에 떨어지는 머리카락 덩어리들.
싹둑싹둑 재깍재깍 후드득후드득……
가위 소리는 점점 많아지고 가늘어지더니
창밖에 가득 빗방울이 떨어진다.
흙에, 풀잎에, 도랑에, 돌에, 유리창에, 양철통에
저마다 다른 빗소리들이 서로 겹쳐지는 소리.
수많은 다른 소리들이 하나로 모이는 소리.
처마에서 새끼줄처럼 굵게 꼬이며 떨어지는 소리.

물뿌리개로 찬물을 흠뻑 부으며
이발사는 어느새 내 머리를 감기고 있다.
수건으로 물기를 닦아내고 만져보니
머리가 더 동글동글하고 파릇파릇하다.
비 온 뒤의 풀잎처럼 빳빳하다.

빗방울 길 산책

비 온 뒤
빗방울 무늬가 무수히 찍혀 있는 산길을
느릿느릿 올라갔다
물빗자루가 한나절 깨끗이 쓸어놓은 길
발자국으로
비질한 자리가 흐트러질세라
조심조심 디뎌 걸었다
그래도 발바닥 밑에서는
빗방울 무늬들 부서지는 소리가
나직하게 새어나왔다
빗물을 양껏 저장한 나무들이
기둥마다 찰랑거리는 소리를 내고 있었다
비 그친 뒤
더 푸르러지고 무성해진 잎사귀들 속에서
젖은 새 울음소리가
새로 돋아나고 있었다
아직 아무도 밟지 않은 빗방울 길
돌아보니
눈길처럼 발자국이 따라오고 있었다

맑은 공기에는 조금씩 비린내가 난다

겨울 아침, 창문을 여니 찬 산바람이 들어온다
맑은 공기에는 언제나 조금씩 비린내가 난다
맑은 공기가 더 맑아지는 비린내
아침 냄새가 더 아침 냄새 같은 비린내
그 비린내를 마시니
폭포를 먹은 듯 머리가 세차게 헹구어진다

흙 속에 사이좋게 섞여 썩고 있는
무수한 눈과 귀, 손과 발의 냄새들
마른 풀과 낙엽에서 녹아나오는 푸른 냄새들
아직도 공기 속에서 떠돌아다니는
투명한 심장과 미세한 허파와 안개 같은 핏줄들
희미한 냄새만 남은 웃음소리들 흐느낌들

덜 깬 잠을 때리는 이 냄새에는 귀신 냄새가 서려 있다
깊이 들이마시면 허파가 시리다
귀신들도 비린내처럼 맑은 곳에서만 산다
이 냄새들이 산 속으로 계곡으로 더 깊이
절과 굿당을 불러들이고 있다
이른 아침이면 비린내는 이슬에 흠뻑 젖어 있다

유리창의 송충이

유리창에 송충이 한 마리 붙어 있다
아파트 10층 창문까지 어떻게 올라왔을까
송충이가 기어온 기나긴 높이를 생각해본다
오를수록 더 높아지는 높이
아무리 힘차게 꾸물거리며 기어도
벽 창문 벽 창문 벽 창문 벽 창문 벽 창문……
온몸이 허리로 된 송충이는 그래도
부지런히 뒤허리로 앞허리를 밀어올린다
허리 밑 다닥다닥 점 같은 다리들이
유리창에 아슬아슬하게 붙어 있다
흰 갈대잎 같은 털들이 바람에 휘날린다
몸도 털이 휘어지는 방향으로 기우뚱거린다
습관의 힘이 아니었다면
송충이는 벌써 10층 아래로 떨어졌을 것이다
떨어져도 부러질 것은 없지만
그래도 떨어지지 않으려고 안간힘이다
그러다 갑자기 허리 걸음을 멈추고
송충이는 허리로 된 머리를 높이 들어
여기저기 허공을 한참 더듬는다
이 나무는 가도 가도 거대한 평면 사각뿐이다

이파리 하나도 없이 어떻게 광합성 하나
아무래도 길이 없는 것 같지만
그래도 있는 힘을 다해 허리를 늘였다가
깊은 주름이 생기도록 줄이면서
송충이는 11층을 향해 기어오르기 시작한다

상계동 비둘기

비둘기들은 상계역 전철 교각 위에 살고 있다
콘크리트 교각을 닮아 암회색이다
전동차가 쿵, 쿵, 쿵, 울리며 지나갈 때마다
비둘기들은 조금도 놀라지 않고
교각처럼 쿵, 쿵, 쿵, 자연스럽게 흔들린다
비둘기들은 교각 위에 나란히 앉아
자기들 집과 닮은 고층 아파트들을 바라본다
사람들이 아파트에서 거리를 내려다보듯
비둘기들도 상계역 주변 거리를 내려다본다
도로변 곳곳에 음식물 쓰레기와 물웅덩이가 있다
사람들이 노점에서 주전부리를 즐기는 동안
비둘기들도 거리에서 푸짐한 먹거리를 즐긴다
자동차들이 쉬지 않고 무서운 속도로 달려오지만
비둘기들은 가볍게 경적과 속도를 피하며
가게에서 물건을 고르듯 느긋하게 모이를 고른다
가랑이 사이로 비둘기가 활보하는 것도 모르고
사람들은 막연히 남의 구두가 지나갔겠거니 생각한다
비둘기들은 검은 먼지와 매연을 뒤집어쓰고
언제나 아스팔트를 보호색으로 입고 다녀서
상계역에 비둘기들이 사는지 아는 사람은 거의 없다

수화

두 청년은 격렬한 논쟁을 벌이고 있는 것 같았다.
승객이 드문드문 앉아 있는 버스 안이었다.
둘은 지휘봉처럼 떨리는 팔을 힘차게 휘둘렀고
그때마다 손가락과 손바닥에서는
새 말들이 비둘기나 꽃처럼 생겨나오곤 하였다.
말들은 점점 커지고 빨라졌다.
나는 눈으로 탁구공을 따라가듯 부지런히 고개를 움직여 두 청년의 논쟁을 따라갔다
그들은 때로 너무 격앙되어
상대방 손과 팔 사이의 말을 장풍으로 잘라내고
그 사이에다 제 말을 끼워 넣기도 하였다.
나는 그들의 논쟁에서 끓어 넘친 침들이
내 얼굴로 튈까 봐 자주 움찔하였다.
고성이 오갈 때에는 그들도 꽤나 시끄러웠을 것이다.
운전기사가 조용히 좀 해달라고 소리칠까 봐
가끔은 눈치가 보이기도 했을 것이다.
그러나 버스 안에 두 사람 말고는 딴 승객은 없는 듯 조용하기만 했고
이따금 손바람 서걱거리는 소리만 들려왔다.

벽

옆구리에서 아까부터
무언가가 꼼지락거리고 있었다.
내려다보니 작은 할머니였다.
만원 전동차에서 내리려고
혼자 헛되이 허우적거리고 있었다.
승객들은 빈틈없이 할머니를 에워싸고
높고 튼튼한 벽이 되어 있었다.
할머니가 아무리 중얼거리며 떠밀어도
벽은 꿈쩍도 하지 않았다.
할머니는 있는 힘을 다하였으나
태아의 발가락처럼 꿈틀거릴 뿐이었다.
전동차가 멈추고 문이 열리고 닫혔지만
벽은 조금도 흔들림이 없었다.
할머니가 필사적으로 꿈틀거리는 동안
꿈틀거릴수록 점점 작아지는 동안
승객들은 빈틈을 더 세게 조이며
더욱 견고한 벽이 되고 있었다.

무단 횡단

갑자기 앞차가 급정거했다. 박을 뻔했다.
뒷좌석에서 자던 아이가 바닥으로 굴러 떨어졌다.
습관화된 적개심이 욕이 되어 튀어나왔다.

앞차 바로 앞에서 한 할머니가 길을 건너고 있었다.
횡단보도가 아닌 도로 복판이었다.
멈춰 선 차도 행인도 놀라 멍하니 쳐다보고 있었다.

좁고 구불구불하고 한적한 시골길이었다.
걷다 보니 갑자기 도로와 차들이 생긴 걸음이었다.
아무리 급해도 도저히 빨라지지 않는 걸음이었다.
죽음이 여러 번 과속으로 비껴간 걸음이었다.
그보다 더한 죽음도 숱하게 비껴간 걸음이었다.
속으로는 이미 오래전에 죽어본 걸음이었다.
이제는 죽음도 어쩌지 못하는 걸음이었다.

느린 걸음이 인도에 닿기도 전에 앞차가 튀어나갔다.
동시에 뒤에 늘어선 차들이 사납게 빵빵거렸다.

재채기 세 번

가냘픈 몸에서 그렇게 우렁찬 소리가 나오리라고는
아무도 예상하지 못했다.
늘 시체처럼 조용하던 그가
소리내어 웃는 일조차 거의 없던 그가
발자국 소리가 없어 옆에 있어도 있는 것 같지 않던 그가
주변 사람들이 다 놀라도록 그렇게 박력 있게 포효할 줄은 몰랐다.
이 느닷없는 천둥소리와 함께
그의 입과 코에서는 세차게 침방울과 콧물이 튀어나왔으며
단전부터 뿜어져나오는 폭풍의 힘에 밀려
눈물은 눈알을 밀어낼 듯 쏟아져나왔으며
역류한 피는 일시에 얼굴과 눈을 벌겋게 덮었으며
허리는 쓰러질 듯 기역 자로 꺾이었다.

재채기 세 번,
그러나 그것으로 끝이었다.
5초가량의 폭풍이 휩쓸고 간 그의 몸은
잠시 그 여진을 견디느라 부들부들 떨긴 하였으나

다시 시체처럼 조용해졌다.

벌겋게 달아올랐던 얼굴도 곧 하애졌다.

주위를 크게 제압했던 공기도 바로 안면을 바꾸었다.

두 눈은 이렇게 큰 소리가 나온 제 몸을 믿을 수 없다는 듯

잠깐 휘둥그래졌다가 좌우로 눈동자를 굴려본 후

이전처럼 작아지고 무표정해졌다.

별게 사람을 다 놀래킨다는 표정으로

주변 사람들은 모두 그를 노려보다가 참는다는 듯 고개를 돌렸다.

눈길에 미끄러지다

갑자기
말을 듣지 않는 몸무게가 이상하였다.
기둥처럼 땅에 박힐 것 같은 튼튼한 다리 하나를
반질반질한 눈길이 살짝 놓아주었을 때
느닷없이 땅바닥을 잃어버린 몸무게는
공중에 뜬 느낌이 이상해 견딜 수 없었던 것이다.
자동적으로 땅을 디딜 차례가 된 다른 다리가
얼른 몸무게를 받쳐주려 하였으나
눈길은 더 힘차고 경쾌하게
그 다리마저 오랜 의무에서 해방시켜주었다.
좌우에 두 팔이 있었으나
그것은 깃털 없는 두 개의 막대기일 뿐이었다.
몸무게는 허공에 낮게 떠서
무거워질 만큼 무거워졌다가
씩씩한 발걸음처럼 힘차게 바닥에 내리꽂혔다.
뒤집어진 거북이처럼
두 팔과 두 다리는 하릴없이 몸무게에 붙어
허공을 향해 허우적거렸다.
성급한 마음이 얼른 일으켜 세우려 하였으나
한번 땅맛을 본 몸무게는

길바닥에 편히 누워 좀처럼 일어나려 하지 않았다.

거부할 수 없는 유산

전동차 안에서 책을 읽는데
갑자기 글자들이 힘을 잃고 심하게 흔들렸다.
나는 눈알에 힘을 주고
끊어지고 흐려진 글자들을 되살리려 애썼으나
내 시선은 과녁에 도달하기도 전에 굴절되어
글자 밖으로 자꾸 빗나갔다.
나는 잠시 눈알에서 힘을 빼고
아무 곳이나 닿는 데로 툭, 툭, 시선을 던졌다.

굳이 무엇을 보려고 한 것은 아니었는데
졸거나 신문에 파묻혀 있는 사람들 사이에서
내 눈을 세차게 잡아당기는 것이 있었다.
여자!
몸에 착 달라붙는 소매 없는 쫄티!
팬티 같은 반바지!
때는 한여름이었고
털 한 오라기도 귀찮고 덥기는 하였다.
가릴 곳만 마지못해 가린 그녀의 옷은
몸 밖으로 터져나오는 암컷을
속수무책 막는 시늉만 하고 있었다.

바로 저것이었구나,
내 눈과 글자 사이의 공기를 격렬하게 흔들어
내 책 읽기를 방해한 힘은.
대단하구나,
굳이 見物하지 않아도 스스로의 磁力으로
내 눈을 사정없이 끌어당기는 이 生心은.
얼마나 오랜 것인가,
죽음처럼 어느 누구도 예외 없이
대대로 이어받는 이 낡고 폭력적인 유산은.

다리가 저리다

책상다리하고 앉아 책을 보다가
일어나 전화 받으러 가는데

방바닥이 발바닥에 와 닿지 않는다.
꼬집어도 감각이 없다.
몇 시간 책상에 달려 있던 다리를 빼내
몸 일으키고 걷게 하니
내 다리가 정말 마른 나무가 되었나 보다.
각목 같은 다리에 몇 걸음 자극이 가니
갑자기 다리 속에 무수한 바늘이 꽂힌다.
오랫동안 말랐던 목재 속에
살금살금 다시 흘러드는 수액의 감촉.
참을 수 없이 간지럽다,
우그러지고 뒤틀린 핏줄 탱탱하게 펴지는 느낌.
다시 물 흐르기 시작한 다리 속으로
한꺼번에 별들이 쏟아져 들어온다.
별빛은 바늘구멍.
막혀 깜깜한 하늘 콕콕 뚫어 빛을 낸 자리.

나 걸음마하듯 걸어본다,

빛이 통하느라 절뚝거리는 상쾌한 다리로,
네모난 책상이 된 후
처음으로 수액이 돌아 짜릿한 책상다리로.

타조

실제로 보니
타조(駝鳥)는 새보다 낙타(駱駝)를 더 닮았다.

타조가 낙타보다 새에 더 가깝다는 증거로
날개라는 것이 달려 있기는 하다.
타조도 가끔은 가슴을 펴고 날갯짓을 하지만
깃털 몇 개로
큰 낙타를 하늘로 들어올려보겠다는 생각은
처음부터 단호하게 잘라버렸음이 분명하다.
타조를 처음 본 순간
나도 타조의 태도에 전적으로 동의했다.
타조의 이 확고한 의지는
나무 기둥 같은 다리로 곧게 뻗어나가
말굽처럼 단단한 발에 굳게 뿌리내리고 있다.
그 의지에 눌려
날개는 몸속으로 깊이 들어가
유난히도 길고 유연한 목으로 솟아오르고
말처럼 빠른 다리로 뛰어나가고 있다.
날지 못한다는 것만 빼면
타조는 나무랄 데 없이 완전한 새.

그래도 타조를 새라고 생각하니
낙타 같은 얼굴과 걸음걸이며
뱀같이 구불거리면서 먹이를 찾는 목 따위가
참을 수 없이 우스꽝스럽게 보였다.
타조는 이 우스꽝스러워 보이는 슬픔을
전혀 바꿀 생각이 없는 것 같다.
한참 동안 타조를 보고 나서
타조의 이 방약무인하고 당당한 슬픔에
나는 다시 한 번 전적으로 동의하고 말았다.

소 닭 보듯
타조들이 높이 나는 새들을 보고 있다.

양철 낙엽

또 겨울.
나무 밑에 전봇대와 담벼락 주변에
몰려 있던 낙엽들이
아스팔트 위로 쏟아져나온다.
구두들에게 밟히고
타이어들이 밀어낸 바람에 날린다.
아스팔트와 마찰할 때마다
속이 텅 빈 금속성 소리가
잎맥에서 새어나온다.
오프너로 딴 날카로운 깡통 뚜껑 자국이
잎 가장자리에 삐죽삐죽 나 있다.
한때 양철에 그려져 있던
푸른 과실의 그림과 바람의 글자들은
이미 붉은 녹이 되어 있다.
쓰레기와 뒤섞여
담을 오를 듯 홍게들처럼 우글거린다.
산성비 때문에 썩지 않는다고 한다.

토끼 6섯 마리

아이가 그린 토끼들은
귀가 아주 큰
희고 순한 여우들 같다.
눈이 아이 뺨처럼 발그레한 살색이다.
토끼장 안에서 이쪽을 바라보고 있다.
도화지를 넘어 나를 바라보고 있다.
철망은 저희들이 드나들 만큼 넓고 성긴데도
토끼들은 밖으로 나오려 하지 않는다.

그림 위에 커다랗게 씌어 있는 제목
토끼 6섯 마리.
아직은 6마리도 아니고 여섯 마리도 아닌,
크고 작은 토끼들처럼 제멋대로 섞여 있는
토끼 6섯 마리.
그러나 6마리와 여섯 마리 사이에서
곧 튼튼하고 촘촘한 철망이 될 것 같은
토끼 6섯 마리.

물은 좌판 위에 누워 있다

시장은 폭우를 맞은 듯 물이 흥건하였다.
물은 좌판 위에 누워 있었다.
차곡차곡 쌓여 있었다.
움직이지 않는 눈알이 박혀 있었다.
숨 쉬지 않는 입을 벌리고 있었다.
헤엄치지 않는 지느러미가 달려 있었다.
비늘 속에 뚱뚱하게 고여 있었다.

시장은 물이 타는 냄새로 가득하였다.
식당에 달린 환풍기 빨대들은
탁한 연기와 냄새를 맹렬하게 빨아내고 있었다.
죽은 물을 먹고 사는 물들이
의자마다 앉아서 굽고 삶아낸 물을 먹고 있었다.
뼈 사이로 물을 발라내고 씹느라
발음이 뭉개진 소리로 떠들고 있었다.

시장 옆 도로에서는
물을 가득 실은 차들이 지나다니고 있었다.
버스들이 와서 물을 울컥울컥 쏟아냈다가는
금방 새 물로 다시 채우고 있었다.

거리에서 파도치는 물이 시장까지 밀려와
좌판에 누운 물을 찰싹찰싹 건드려보고 있었다.
물은 해변의 바위에서 꿈쩍도 하지 않았다.

상계1동 수락산 입구

해마다 조금씩 기우는 집들
판자와 천막과 비닐로 지붕을 기운 집들
나무 기둥과 벽돌에서 푸른 이끼 자라는 집들
하루 종일 빨래만 널려 있고 사람은 안 보이는 집들
숨 쉴 때마다 변소와 하수도 냄새 들썩거리는 집들
납작하게 엎드려 오랜 추위와 비바람 견뎌온 집들
비가 오려고 하면 마디마디 관절이 쑤시는 집들
해마다 봄이 되면 아픈 곳이 갈라지고 터지는 집들
페인트 냄새 마르지 않은 고층 아파트 바로 밑에서
큰 열대 초목 화분에 신장개업 띠를 두른 영양탕집 옆에서
땅값이 오르기를 끈질기게 기다리며
있는 힘을 다해 낡아가는 집들

흰 스프레이

그는 아스팔트 바닥에 납작하게 엎드려 있다
두꺼운 옷을 여러 벌 겹쳐 입은 것처럼 팔다리를 벌리고
기형적으로 뚱뚱한 등을 잔뜩 웅크리고 있다
시속 100킬로미터의 바퀴들이 그를 밟고 지나간다
그는 바퀴들이 더 잘 지나갈 수 있도록 더 납작해진다
더 이상 납작해질 수 없을 때까지 납작해져서
바닥에 스며들 수 있는 것은 모두
검붉은 얼룩을 남기며 아스팔트 속에 스며들어 있다
흰 스프레이로 그려진 허물만 아스팔트 한복판에 남기고

주말 농장

 펜과 자판(字板)에 익숙한 손으로 삽과 호미를 쥐어본다. 컴퓨터 모니터와 종이에 익은 눈으로 나무와 풀과 흙을 탐욕스럽게 만져본다. 냉난방으로 희어진 피부에 작살 같은 햇살을 꽂아본다. 액셀러레이터와 엘리베이터에 익숙한 발바닥으로 흙을 맛나게 핥아본다. 먼지 가득한 터널 같은 콧구멍에 풀냄새 바람도 양껏 넣어본다.

 텃밭 노동이란 얼마나 사치스러운 휴식인가. 서울 변두리 산자락 풍경과 바람은 이 호사 취미에게 선뜻 다가오지 못하고 주위를 머뭇거리며 맴돌기만 한다. 돌 많은 흙은 어색한 삽날을 물고 악착같이 저항한다. 전원의 휴식을 즐기는 맛이 어떠시냐며 흙 속에서 나온 건축 쓰레기들이 비웃는다.

 텃밭 네댓 평. 그동안 돌보지 않아 건장한 잡초 사이에서 비실거리고 있는 상추와 쑥갓, 토마토와 가지 다 뽑아버리고, 거름 주고 갈아엎고 무 배추 심는 데 한나절. 그것도 노동이랍시고 허리 등뼈 쑤시고, 손발 부르트고, 근육 뒤틀리고, 허파 터지는 이 쾌감. 안락하고 무력한 권태가 뚝뚝 땀으로 떨어지는 이 쾌감.

한때는 수많은 사람들 허리 휘어놓고, 손바닥 발바닥 쇠못 박아놓고, 주린 위장으로 보릿고개 넘게 했던 노동이 이제는 휴식. 의자 노동과 안경 노동이 있는 곳으로 돌아가기 전에 근육과 허파를 혹사하며 마지막까지 즐겨보는 이 별미! 농약 없는 채소는 덤. 마음에 스며든 흙 향기 산들바람은 덤. 꽉 막힌 주말 도로도 덤.

나무들

또 겨울.
나무들이 몸을 말린다.
한여름 내내 나뭇잎에서 쏟아낸 푸른 분비물이
누렇게 되도록 말린다.
하루 세 끼 꼬박꼬박 햇빛을 빨아먹던 팽팽한 잎이
갑자기 쭈글쭈글해지도록 말린다.
바람에 흔들릴 때마다 반짝거리던 잎이
과자 봉지처럼 바삭바삭 구겨지도록 말린다.
아스팔트 위를 구르는 잎에서
양철 조각 갈라지는 소리가 나도록 말린다.
가지마다 커다란 파도를 만들며 출렁거리던
무거운 바람도 말린다.
한여름 광합성으로 부지런히 키운 높다란 물통을
기둥째 말린다.
두꺼운 나무껍질 쩍쩍 갈라지도록 말린다.
한겨울 독한 추위가 또 몸속에 들어와 살도록
그 매운 맛에 단내가 나도록
말린다.

토끼

햇빛이 비치자 좁은 토끼 우리도 환해졌다.
토끼 한 마리 한 마리는 그대로 움직이는 빛이 되어
판자와 철망으로 막힌 공간을 밝히고 있었다.
머리 위로 솟은 귀들은 햇빛에 연분홍색이 되어
토끼들이 움직일 때마다 봄꽃처럼 흔들렸다.
주인은 이 토끼들을 어떻게 할까.
잡아먹을까? 시장이나 음식점에 팔까?
죽을 때까지 기르다가 쓰레기와 함께 버릴까?
희디흰 털은 아무런 목적도 없이 은은하게 빛났으므로
무위의 경지에서 오물거리는 입들은 너무나 흥겨웠으므로
갑자기 그 위에 엉뚱한 미래가 겹쳐 보였다.
어린 토끼 한 마리를 가슴에 안아보니
뜻밖에도 따뜻하고 부드러운 털 속에서 떨고 있었다.
토끼의 두려움은 내가 쓸데없이 걱정한 미래와 상관없이
오로지 지금 내 팔에만 집중되어 있었다.

수다 예찬

　말은 그의 삶에 얼마나 많은 즐거움을 주었던가
　이제 그의 몸은 악기가 되었고 그의 말은 음악이 되었다
　그가 말을 연주할 때
　혀와 이와 입술은 얼마나 정교하고 민첩하게 움직이던지
　피리 구멍 같은 코는 얼마나 정확하게 바람을 조절하던지
　배는 큰북처럼 얼마나 탄력 있게 진동하던지
　그 좁고 어두운 입 안에서도
　발음과 억양은 지느러미처럼 날렵하고 경쾌하게 헤엄쳤다
　혀가 얼마나 힘차게 꼬리를 차며 물을 튀기던지
　연달아 내 얼굴에 침이 튀곤 하였다
　숨 쉴 겨를도 없이 말들이 쏟아져나왔으나
　어느 발음도 이에 깨물리거나 혀에 걸려 넘어지지 않았다
　말이 말처럼 달리면 사방에서 숨이 막히도록
　깔깔거리는 소리들이 바람과 흙먼지 되어 일어났고
　그 웃음소리가 채찍이 되어 말의 가속도는 늘어났다
　갈수록 말은 제 흥에 겨워 점점 더 힘이 붙었고

말의 장단에 박자를 맞추느라 몸은 잠시도 쉴 틈이 없었다
　즉흥환상곡 악보인 그의 표정에서는
　매 순간 연주될 음악이 현재 진행형으로 그려졌고
　음악에 심취한 두 팔은 지휘봉처럼 격렬하게 떨었으며
　두 발은 피아노 페달을 밟듯 연신 바닥을 두드렸다
　오줌이 마려워 엉덩이를 들썩거리던 그는
　잠깐 말을 그치고 얼른 화장실에 다녀오고 싶은 듯했으나
　제 속도에 취한 말들은 오로지 앞으로만 달려갔다
　어찌하겠는가 이렇게 많은 말이 들어 있는
　커다란 소리통을 몸으로 갖고 있으니
　이미 말들은 소리통에서 뛰쳐나오기 시작했으니

티셔츠 입은 여자

탱탱한 피부처럼 살에 착 달라붙는 흰 티셔츠를
힘차게 밀고 나온 브래지어 때문에
그녀는 가슴에 알 두 개를 달고 있는 것 같았다.
그녀가 간혹 팔짱을 끼고 있으면
흰 팔을 가진 암탉이 알을 품고 있는 것처럼 보였다.
베들레헴의 마구간처럼 은은한 빛이
그녀의 가슴 주위에서 끊임없이 흘러나오고 있었다.
알에서 태어나 나라를 일으켰다는 고주몽이나
박혁거세의 후손들이 사는 이 나라에서는
복잡한 거리에서 대낮에 이런 모습을 발견하는 것이
그리 대단한 일도 아니고 드문 일도 아니다.
길을 가다 멈춘 남자들은 갑자기 동그래진 눈으로
집요하고 탐스럽게 그녀의 가슴을 만졌지만
그녀는 당당하게 그 눈빛들을 햇볕처럼 쬐었다.
타조알처럼 두껍고 단단한 껍질 속에서
겁 많고 부드러운 알들은 그녀의 숨소리를 엿들으며
마음껏 두근거리고 있었다.
가슴에서 떨어질 것 같은 알의 무게를 지탱하기에는
그녀의 허리가 너무 가늘어 보였지만
곧바로 넓은 엉덩이가 허리를 넉넉하게 떠받쳤다.

산적처럼 우람한 남자가 부리부리한 눈으로
아기를 안고 그녀를 따라오고 있었다.

멋진 옷을 보고 놀라다

 그 중년의 사내가 웃으며 내게 말을 붙여왔을 때, 처음엔 그의 말을 잘 알아듣지 못해 그냥 웃어주었다. 그 사내가 개의치 않고 계속 웃으며 말을 붙여왔으므로 나도 좀더 집중하여 귀를 기울여주었다. 지하철 안은 혼잡하고 시끄러웠지만 그래도 그의 웃음을 받아 웃으며 고개도 주억거리며 한참 동안 열심히 그의 말을 듣다가, 잠시 후

 나는 그 사내가 입고 있는 멋진 옷에 놀랐다. 마디마디와 무릎과 엉덩이에 구김이 없다는 것은 그가 평소에 얼마나 점잖고 품위 있게 행동했는지 보여주는 증거다. 머리는 세련되게 빗겨져 있었으며 얼굴은 맑고 깨끗했으며 표정엔 여유가 있었다. 부드럽고 조용한 목소리에는 누구라도 호감이 갈 만한 친밀성이 배어 있었다. 그런 신사가 미친 사람이었다니!

 내가 어렸을 때 거리에는 "예수! 천당!"을 외치는 미친 거지와 찢어진 옷을 휘날리며 맨발로 뛰어다니던 미친 여자가 있었다. 이상하게도 요즈음의 거지들은 미치지 않는다. 미친 사람은 보통사람과 잘 구별되지 않는

다. 어떤 사람이 미쳤다는 것을 이해하려면 시간이 좀 필요하다. 나도 그 사람이 미쳤다는 걸 믿지 않는 나를 차분하고 끈기 있게 설득해야 했다.

  중년의 사내는 목적지에 이르자 하던 말을 급히 맺고 공손하게 인사한 후 지하철에서 내렸다. 멀쩡하게 잘 살고 있는 생사람을 갑자기 미쳤다고 판단하는 것은 함부로 할 일이 아니다. 김일성이 뿔 난 사람이 아니듯 미친 사람도 별난 사람은 아니다. 그 사내도 나를 보고 미친 사람이 너무 멀쩡해 보이는구나 생각하며 방금 지하철에서 내렸을지도 모를 일이다.

버스 기다리는 사람들

사람들이 길게 줄을 서서
산동네 가는 버스를 기다리고 있다.
야근하고 나면
잠 자기조차 빠듯한 시간들이,
싸기 직전까지 참았다가 뛰어가야만
겨우 오줌 눌 수 있는 시간들이,
국에 말아서 마시듯 해야
한 끼 밥을 먹을 수 있는 시간들이,
한가롭게 버스 정류장에 서 있다.
아파트 단지로 가는 버스들은 줄줄이 와서
빈 좌석으로 손님들을 기다리며
배기통으로 푸짐하게 매연을 뿜어낸다.
오랫동안 지키던 자리를 뺏길까 봐
사람들은 한 발짝도 움직이지 못하고
서로의 허파를 모아 매연을 나눠 마시고 있다.
겨울은 벌써 몇 년째
깨진 유릿날 같은 추위로 뺨을 긁으며
이 사람들을 마음껏 괴롭혀보았지만
다 헛일이었다.
이 사람들은 줄 선 자리에서

한 발짝도 벗어나지 않고
아직도 끈질기게 버스를 기다리고 있다.

전자레인지

불도 없는데
생선 비늘 들썩거린다.
이글이글, 입에서 거품이 나온다.
퍽, 퍽, 몸 안에서 무언가 터지는 소리 들린다.
은비늘 하나 다치지 않은, 바다에서 막 나온 것 같은 생선,
김과 열을 뿜는 흰 접시가 전자레인지에서 나온다.

불도 없는데
할머니 얼굴 쭈글쭈글해진다.
등뼈가 휘어지고 오그라들고 굳어진다.
거친 숨, 가는 신음이 몸 안에서 터지는 소리가 들린다.
깊은 주름을 흔들며 앞니 빠진 아이처럼 깔깔거리는 할머니,
상한 데 없는 맑고 어린 웃음이 경로당에서 나온다.

열대야

트럭이 가파른 언덕을 올라가고 있다.
트럭은 굵고 짧고 느리다.
반경 수백 미터 이내의 허공에 가득 찬 소음이 몰려와 한없이 느린 트럭을 밀고 있다.
소음이 아무리 악쓰며 밀어도 트럭은 빨라지지 않는다.
더 많은 소음이 몰려오고 트럭은 더 느리게 올라간다.
소음을 견디기 위해 아파트들은 모두 콘크리트이고 사각이다.
더위를 피해 밖으로 나온 사람들이
돗자리 깔고 삼삼오오 모여 앉아
거대한 아파트 언덕에 붙은 트럭 소리를
고목에 붙은 매미 울음 소리로 듣고 있다.
여름 밤은 깊어가고 잠은 오지 않고
트럭도 이 밤 내내 저 언덕을 다 올라가지 못할 것 같다.
여름이 다 가고 나면
소음이 지나간 자리에 거대한 매미의 허물이 남게 될 것 같다.

가로수

 지나가는 차들과 행인들에게 걸리적거리지 않으려고 최대한 가지를 쳐낸 가로수들이 전봇대처럼 전선을 따라 도로변에 줄지어 서 있습니다. 가로수들이 껴입은 더러운 껍질은 긁혀 있거나 벗겨져 있거나 스티커가 붙어 있거나 현수막을 지탱하는 끈에 붙들려 있습니다. 남루하고 칙칙한 이파리들이 박쥐처럼 가지에 떼지어 달라붙어 있습니다.

 무성한 잎으로 여러 상점들 간판을 가리던 나무 하나는 분노한 톱에 베어져 그루터기만 남아 있습니다. 한때 생명을 담았던 그 그릇에는 파문을 일으키며 퍼져가는 나이테가 있습니다. 그 나이테의 무늬 속에는 생명이 바삐 드나들던 맑은 소리와 함께 혹한의 시간과 두꺼운 매연과 소음이 레코드판처럼 녹음되어 있습니다. 목 없는 통닭의 다리처럼 움직이지 않는 뿌리는 여전히 힘차게 땅을 움켜쥐고 있습니다.

 녹슨 상수관과 부글부글 끓는 하수도, 전화선과 가스관이 어지럽게 매설된 땅속에 가로수들은 시추공처럼 박혀 있습니다. 그래도 봄이 오면 어김없이 매장량이 무한대인 초록빛을 뽑아 올립니다. 고엽제 같은 매연에도 아랑곳하지 않는 저돌적인 생명, 그 고집불통의 습관을 막을 힘이 이 가로수들에게는 없습니다. 모두가 지루하고 긴 삶을 각오한 지 오래입니다.

기이한 은총

소음 속에서 음악 소리가 들린다.
어느 거리에선가 시위대가 외치는 노래일는지 모른다.
고층 유리창에 부딪혀 흩어진 소음의 바람에다
내 마음이 멋대로 붙인 곡인지도 모른다.
스스로 폭풍이 되고 천둥이 될 만큼 거대해진 소음 속에서
어지럽게 쌓인 음과 가락이 서로 부딪치며 섞이다가
우연히 한 음을 얻어 지금 나에게 찾아온 것인지도 모른다.
집중하여 들어보면 그 소리는
고속 엔진이나 바퀴 소리들이 내는 화음 같기도 같고
경적 소리와 급정거 소리, 비명이 서로 뒤엉켜 울다가
공기 속에서 정화되어 은은하게 퍼져가는 소리 같기도 하다
퇴근해서 집에 돌아오면
온몸에 진동으로 남아 한참을 지나도 그치지 않던 소음이
오늘은 음악으로도 들려오니
이 무슨 기이한 은총인가.
이 도시에서 하늘의 음악은 이미 깨어져 흩어진 지 오래.

귀는 자연의 음악을 알아듣지 못하게 된 지도 오래.
그런데 이 폐허의 소음이 또 다른 음악이었다니!
그 폭력적인 소음을 견디기 위해
내 모든 감각이 송판처럼 두꺼워지고 딱딱해진 지금
소음이 음악이 되어 새삼스럽게 나를 찾아온 까닭은?

초록이 세상을 덮는다

잠깐 초록을 본 마음이 돌아가지 않는다.
초록에 붙잡힌 마음이
초록에 붙어 바람에 세차게 흔들리는 마음이
종일 떨어지지 않는다
여리고 연하지만 불길처럼 이글이글 휘어지는 초록
땅에 박힌 심지에서 끝없이 솟구치는 초록
나무들이 온몸의 진액을 다 쏟아내는 초록
지금 저 초록 아래에서는
얼마나 많은 잔뿌리들이 발끝에 힘주고 있을까
초록은 수많은 수직선 사이에 있다
수직선들을 조금씩 지우며 번져가고 있다
직선과 사각에 밀려 꺼졌다가는 다시 살아나고 있다
흙이란 흙은 도로와 건물로 모조리 딱딱하게 덮인 줄 알았는데
이렇게 많은 초록이 갑자기 일어날 줄은 몰랐다
아무렇게나 버려지고 잘리고 갇힌 것들이
자투리땅에서 이렇게 크게 세상을 덮을 줄은 몰랐다
콘크리트 갈라진 틈에서도 솟아나고 있는
저 저돌적인 고요
단단하고 건조한 것들에게 옮겨 붙고 있는

저 촉촉한 불길

어린 시절이 기억나지 않는다

창문이 모두 아파트로 되어 있는 전철을 타고
오늘도 상계동을 지나간다.
이것은 32평, 저것은 24평, 저것은 48평,
일하지 않는 시간엔 무엇을 해야 할지 몰라
나는 또 창문에 있는 아파트 크기나 재본다.

전철을 타고 가는 사이
내 어릴 적 모습이 기억나지 않는다.
어렸을 때 나는 어떤 아이였을까?
어떤 얼굴이었을까? 뭘 하며 놀았을까?
나를 어른으로 만든 건 시간이 아니라 망각이다.
아직 이 세상에 한 번도 오지 않은 미래처럼
나는 내 어린 시절을 상상해야 한다.
지금의 내 얼굴과 행동과 습관을 보고
내 어린 모습을 만들어내야 한다.
그러나 저 노약자석에 앉아 있는 노인들의
어릴 적 얼굴이 어떤 모습인지 알지 못하듯이
기억은 끝내 내 어린 시절을 보여주지 못한다.
지독한 망각은 내게 이렇게 귀띔해준다,
너는 태어났을 때부터 이 얼굴이었을 거라고.

전철이 지하로 들어가자
아파트로 된 창문들이 일제히 깜깜해지더니
아파트 대신 창문마다 얼굴들이 나타난다.
내 얼굴도 어김없이 그 사이에 끼어 있다.
어릴 적 얼굴이 기억나지 않는다.

범바위굿당 할머니들

수락산 기슭에 앉은 범바위굿당은
나무가 뿌리박고 자라는 큰 범바위와
그 아래 작은 바위샘을 모시고 있다.
귀신의 나이를 먹은 고목 한 그루가
오색 천을 늘어뜨리고 마당에 서 있다.
귀신 잘 보이는 나이가 된 할머니들,
가족과 귀신을 자주 혼동하는 할머니들이
오늘도 떡이며 과일이며 사탕이며
무심하게 웃고 있는 돼지머리를 차리고 있다.
흰머리 굵은 주름 아래
태아 같은 배꼽을 가진 할머니들이
북과 징과 꽹과리를 치고 날라리를 불고
노래하며 춤추고 있다.
귀신들이 제집처럼 편히 드나드는
어둡고 깊은 할머니들 몸으로
나무와 바위에 붙은 귀신도 오고
개와 고양이에 붙은 귀신도 온다.
병든 년이나 교통사고 난 놈한테 붙은 귀신,
병신같이 착하기만 해서
맨날 이용만 당하는 놈한테 붙은 귀신도

북 소리와 꽹과리 소리, 노랫소리에 달려와
쭈글쭈글한 몸에 잘도 달라붙는다.
귀신 붙은 할머니들 또 노잣돈 타령이다.
오늘도 춥고 배고프다고 투정이다.
요령을 흔들며 연신 제상을 흘끔거린다.
귀신 이빨 자국이 난 과일과 돼지머리,
귀신 침이 잔뜩 묻은 떡들에
할머니들 눈이 가득 달라붙는다.
허구한 날 방구석에 누워 낑낑거리다가도
귀신 먹다 남은 음식을 봐야 식욕도 돋는 것.
굿 끝나기가 무섭게 할머니들 달려든다.
귀신들이 저승에서 쓰던 노잣돈도 나누고
미리 준비해온 커다란 비닐봉지에
돼지머리와 떡과 과일도 양껏 담는다.
몸에 들어온 귀신들이 채 나가기도 전에
옷 갈아입고 무구(巫具) 챙기고
묵직한 비닐봉지를 들고 봉고차에 올라
깔깔거리고 농지거리를 하며 굿당을 떠나간다.

그들의 춘투

5월 아침인데
도로변에 누런 은행잎 같은 것들이 깔려 있다.
바람도 없는데 어떤 것은 팔랑거리기도 한다.
갑자기 구두 밑에서 무언가 물컹한 것이 터진다.
구두 밑을 보니 나방이 으깨어져 있다.

어젯밤은 대단했다고 한다.
불빛이 흘러나오는 빌딩 창마다
나방떼가 새카맣게 붙어 창 안을 들여다보고 있었다고 한다.
야근하던 사람들이 놀라 서둘러 퇴근했다고 한다.
일찍 찾아온 더위 탓이라고 한다.

어제는 낮에 종로를 지나가다
두 시간이 넘도록 차 안에 갇혀 꼼짝할 수가 없었다.
농촌에서 전세버스를 타고 상경한 시위대가
도로 한복판에서 전투경찰과 격렬하게 몸싸움하고 있었다.
이젠 농촌에서도 비닐 포장된 음식을 먹는다고 한다.
플라스틱 병이나 깡통에 든 물을 마신다고 한다.

고체로 된 투명한 공기
밤이면 발광도 하는 공기, 유리창에
나방들은 멋모르고 날아왔다가 부딪혔을 것이다.
은행잎처럼 길바닥에 쌓이면서도
끝내 이해할 수 없었을 것이다, 벽처럼 딱딱한 공기를.

물불

아직 김이나 수증기라는 말을 모르는 아이가
끓는 물을 보더니 물에서 연기 난다고 소리친다.
물에서 연기가 난다?
그렇지. 물이 끓는다는 건 물이 탄다는 말이지.
수면을 박차고 솟구쳐 오르다 가라앉다 하는
뿔같이 생긴, 혹같이 생긴 물불,
물이 타서 그 연기 허공으로 올라가는 거지.
그런데, 수면의 저 격렬한 뒤틀림!
나는 저 뒤틀림을 닮은 성난 표정을 기억하고 있다.
심장에서 터져나오는 불길을 견디느라
끓는 수면처럼 꿈틀거리던 눈과 눈썹, 코와 입술을.
그때 입에서는 불길이 밀어올린 연기가
끓는 소리를 내며 이글이글 피어오르고 있었지.
그 말의 화력은 바로 나에게 옮겨붙을 듯 거세었지.
물이나 몸은 기름이나 나무처럼 가연성이었던 것.
언제든 흔적 없이 타버릴 수 있는 인화물이었던 것.
지금 솥 밑에서 타오르는 불길은
솥 안에서 구슬처럼 동그란 불방울이 되어
수많은 뿔처럼 힘차게 수면을 들이받는다.
악을 쓰며 터지고 일그러지고 뒤틀리던 물은

부드러운 물 연기가 되어 공기 속으로 스며든다.

명태

모두가 입을 벌리고 있다
모두가 머리보다 크게 입을 벌리고 있다
벌어진 입으로 쉬지 않고 공기가 들어가지만
명태들은 공기를 마시지 않고 입만 벌리고 있다
모두가 악쓰고 있는 것 같은데 다만 입만 벌리고 있다

그물에 걸려 한 모금이라도 더 마시려고 입을 벌렸을 때
공기는 오히려 밧줄처럼 명태의 목을 졸랐을 것이다
헐떡거리는 목구멍을 틀어막았을 것이다
숨구멍 막는 공기를 마시려고 입은 더욱 벌어지고
입이 벌어질수록 공기는 더 세게 목구멍을 막았을 것이다

명태들은 필사적으로 벌렸다가 끝내 다물지 못한 입을
다시는 다물 생각이 없는 것 같다 끝끝내 다물지 않기 위해
입들은 시멘트처럼 단단하고 단호하게 굳어져 있다
억지로 다물게 하려면 입을 부숴버리거나
아예 머리를 통째로 뽑아내지 않으면 안 된다

말린 명태들은 간신히 물고기의 모습을 하고 있지만
물고기보다는 막대기에 더 가까운 몸이 되어 있다
모두가 아직도 악쓰는 얼굴을 하고 있지만
입은 그 막대기에 남아 있는 커다란 옹이일 뿐이다
옹이 주변에서 나이테는 유난히 심하게 뒤틀려 있다

귤

노인은 어두운 방 안에 혼자 놓여 있다

며칠 전에 딸이 사놓고 간 귤
며칠 동안 아무도 까먹지 않은 귤
먼지가 내려앉는 동안 움직이지 않는 귤
움직이지 않으면서 조금씩 작아지는 귤
작아지느라 몸속에서 맹렬하게 움직이는 귤
작아진 만큼 쭈그러져 주름이 생기는 귤
썩어가는 주스를 주름진 가죽으로 끈질기게 막고 있는 귤

어두운 방 안에 귤 놓여 있다

분수

물줄기는 빠르고 꼿꼿하게 솟아오르다가
둥글고 넓게 퍼지며 느린 곡선으로 떨어진다

물방울들은 유리 화병처럼 보일 때까지
정확하고 고집스럽게 하나의 동작으로만 움직인다

이미 결정된 것은 어쩔 수 없다는 듯
정해진 힘과 포물선을 한사코 벗어나려 하지 않는다

대리석이나 나무처럼 깎고 다듬으면
물도 얼마든지 고정된 형태를 유지할 수 있다는 듯이

습관과 성질을 이용하여 빚으면
물도 딱딱한 유리 화병과 조금도 다를 게 없다는 듯이

교동도에서

교동도,
멀리 눈 쌓인 너른 겨울 들판이 다 까맣게 보였다.
궁금한 내 승용차가 좀더 가까이 다가갔을 때
보았다, 햇볕을 향해 길게 목을 빼고
하나같이 꼿꼿하게 서 있는 수천 마리 철새들의
끝없이 넓은 부동 자세를,
겹겹이 철새들을 둘러싸고
자세가 흐트러지기를 끈질기게 기다리는 추위 앞에서
필사적으로 버티고 있는 부동 자세를,
막힘 없이 춤추는 물로 건축한
얼음의 결정체처럼
기하학적인 엄격성을 유지하고 있는 부동 자세를.

아무것도 모르는 승용차는 경박한 소음으로
그 고요하고 경건한 의식을 깨뜨리고 말았다.
한 마리의 부동 자세가 깨어지자
수천 마리의 철새들도 일제히 부동 자세를 버리고
높이 솟구쳐 올라
겨울 하늘에 검은 점으로 촘촘하게 박혔다.
새떼는 한 마리 붕새처럼 거대한 날개가 되어 하늘을

덮더니
  그 날개를 천천히 접었다 폈다 하더니
  낮게 가라앉았다가 높이 솟아올랐다가 하더니
  교동도 하늘을 한번 크게 선회하더니
  더 먼, 더 많은 눈이 쌓인, 허허벌판으로 내려앉아
  다시 햇볕을 받는 검은 들판이 되었다.

어떻게 기억해냈을까

방금 딴 사과가 가득한 상자를 들고
사과들이 데굴데굴 굴러나오는 커다란 웃음을 웃으며

그녀는 서류 뭉치를 나르고 있었다
어떻게 기억해냈을까 고층 빌딩 사무실 안에서
저 푸르면서도 발그레한 웃음의 빛깔을

어떻게 기억해냈을까 그 많은 사과들을
사과 속에 핏줄처럼 뻗어 있는 하늘과 물과 바람을
스스로 넘치고 무거워져서 떨어지는 웃음을

어떻게 기억해냈을까 사과를 나르던 발걸음을
발걸음에서 튀어오르는 공기를
공기에서 터져나오는 햇빛을
햇빛 과즙, 햇빛 향기를

 어떻게 기억해냈을까 지금 디딘 고층 빌딩이 땅이라
는 것을
 뿌리처럼 발바닥이 숨 쉬어온 흙이라는 것을
 흙을 공기처럼 밀어올린 풀이라는 것을

나 몰래 엿보았네 외로운 추수꾼*의 웃음을
그녀의 내부에서 오랜 세월 홀로 자라다가
노래처럼 저절로 익어 흘러나온 웃음을

책상들 사이에서 안 보는 척 보았네
외로운 추수꾼의 걸음을
출렁거리며 하늘거리며 홀로 가는 걸음을
걷지 않아도 저절로 나아가는 걸음을

* 외로운 추수꾼: 윌리엄 워즈워스의 시 「The Solitary Reaper」에서 인용.

해설

거대한 침묵

이혜원

　김기택 시인이 이번에 내놓은 네번째 시집의 표제는 '소'이다. 동물 이미지의 형상화에 있어 남다른 개성을 보여주었던 시인이기에 전혀 낯설지 않은 제목이다. 시인은 특유의 치밀한 관찰과 묘사의 능력을 발휘할 수 있는 동물 이미지를 지속적인 탐구의 대상으로 삼은 것이다. 그러나 첫 시집에서부터 그의 분명한 개성을 확인했던 독자의 입장에서는 시 세계의 연속성보다는 변화 과정에 더 관심이 가는 것이 사실이다. 견고하고 긴장된 그의 시가 나아갈 새로운 향방은 각별한 기대의 대상이 된다. 과연 그의 시에서 '소'는 매번 다른 모습으로 나타나며 시 세계의 변화를 반영하는 것으로 보인다.
　첫 시집 『태아의 잠』에는 '소'라는 제목의 시가 한 편 들어 있다. 이 시에서 '소'는 꼬리를 잃어버려 파리들이 모여들어도 쫓아내지 못하는 무력한 모습을 하고 있다. 이 소는 "돌처럼 차갑고 딱딱한 힘을 엉덩이로 집중시켜 움직이고 싶어 안달하는 꼬리뼈를 단단하게 붙잡아 조"이며 애써 태연한 척한다. 꼬리뼈에 집중된 예리한 신경의 파동이 특유의 치밀한 묘사로 포착된다. 시의 끝부분은 "코뚜레에 너무 오래 붙들려 무력해진 지금/아픈 코의 대척점에서 일어나는 이 느닷없는 힘은./웃음거리가 되어도 어쩔 수 없다/들입다 흔들어대는 수밖에"라 하여 가까스로 억제되던 본능의 힘이 갑작스럽게 분출되는 상황을 드러낸다. 응축된 에너지의 밀도와 그것의 극적인 분출을 인상 깊게 묘파했던 첫 시집의 개성을 함축하고 있는 시인 것이다. 시인의 치열한 관찰력은 긴장과 갈등의 에너지로 팽만한 사물의 역동성을 포착하는 데 집중된다.

두번째 시집 『바늘구멍 속의 폭풍』에서는 '소'에 관한 시가 두 편 나타난다. 두 편에서 모두 비유으로서의 '소'의 이미지가 나타나는 것이 특징적이다. 「소 2」에서는 중량을 늘리기 위해 물 먹인 소가 보이는 육체의 변화가 집요하게 그려진다. "부룩 부루룩 물 사이로 빠져나온 공기로 숨을 쉬며/뱃가죽에서 규칙적으로 불어났다 꺼졌다 하고 있다/크고 단단한 무거움 속에 조용히 정지하여 있으니/보인다 가죽 속에/우연히 들어와 무게가 된 한 줄기 바람/이제 고기가 되어버린 한 방울 물 한 모금 공기"에서처럼 육체의 물질성에 대한 비정하리만큼 적확한 묘사가 행해진다. 「소 3」에서도 한낱 고깃덩어리에 불과한 소의 육체에 대한 냉담한 묘사가 이어진다. "백정이 칼을 들어 한가운데를 가르자/흔적도 없이 빠져나갔다네/바람 빠진 가죽부대 털레털레 실려가고"에서 소의 육체는 '바람

빠진 가죽부대'의 공허한 이미지로 드러난다. 사물의 외피를 두르고 있는 모든 가식과 포장을 거두고 엄밀한 육체적 현존만을 파악하려는 인식의 열도가 이렇게 철저한 물질적 묘사를 가능케 한다. 두번째 시집에서 시인은 육체의 물질성에 대한 극도로 냉정하고 치밀한 관찰을 행한다. 훼손되거나 병든 육체의 이미지가 도처에서 육체의 물질성을 적나라하게 드러낸다.

세번째 시집 『사무원』에는 '소'가 등장하지 않는다. 대신에 고행에 가까운 노동을 유일한 존재 이유로 삼고 '소처럼' 묵묵히 일하는 '사무원'이 나타난다. "이미 습관이 모든 행동과 사고를 대신할 만큼/깊은 경지에 들어갔으므로/사람들은 그를 '30년간의 長座不立'이라고 불렀다 한다./그리 부르든 말든 그는 전혀 상관치 않고 묵언으로 일관했으며/다만 혹독하다면 혹독할 이 수행을/외부압력에 의해 끝까지 마치지 못할까 두려워했다고 한다"(「사무원」)에서처럼 이 시집에서는 현대 사회의 기계적 메커니즘과 왜소화된 인간의 삶을 풍자한다. 앞의 시집들에 비해 즉물적 묘사가 줄어드는 대신 삶의 세목에 대한 관찰이 전체적인 통찰로 연결되는 시선의 확산이 새롭게 부각되기 시작한다.

이번 시집에서는 「소」를 표제시로 삼을 만큼 각별한 애착을 보여준다. 그런데 이번 시집에서 '소'는 앞의 시집들과는 다른 양상을 보여준다. 희화화되거나 불구화된 이미지로 드러나던 이전 시들과는 달리 지극히 평범하고 정상적인 모습을 하고 있는 것이다.

소의 커다란 눈은 무언가 말하고 있는 듯한데
나에겐 알아들을 수 있는 귀가 없다.
소가 가진 말은 다 눈에 들어 있는 것 같다.

말은 눈물처럼 떨어질 듯 그렁그렁 달려 있는데
몸 밖으로 나오는 길은 어디에도 없다.
마음이 한 움큼씩 뽑혀나오도록 울어보지만
말은 눈 속에서 꿈쩍도 하지 않는다.

수천만 년 말을 가두어 두고
그저 끔벅거리고만 있는
오, 저렇게도 순하고 동그란 감옥이여.

어찌해볼 도리가 없어서
소는 여러 번 씹었던 풀줄기를 배에서 꺼내어
다시 씹어 짓이기고 삼켰다간 또 꺼내어 짓이긴다.
—「소」 전문

 이 시에서는 소의 커다란 눈이 관심의 초점이 되어 있다. 할 말을 가득 담고 내놓지 못하는 듯한 소의 크고 순정한 눈에 대한 집중적인 관찰과 상상이 행해진다. 이전 시들에서 관찰자의 시선이 일방적이었던 것에 비해 이 시에서는 대상과 주체의 교감과 소통이 중시되는 변화를 살필 수 있다. 소의 눈에 함축된 언어와 그것을 알아들으려고 애쓰는 주체의 입장이 대등하게 연결된다. 해독되지 않는 소의 말에 대한 집요한 추적이 소의 생리와 관련된 흥미로운 상상을 낳는다. 길게 내뽑는 소의 울음은 몸 밖으로 나오지 못하는 말 때문이고, 씹고 또 씹는 되새김질 또한 그 답답함의 표현이라는 것이다. 그리하여 소의 커다란 눈은 "수천만 년 말을 가두어" 둔 "순하고 동그란 감옥"이라는 절묘한 비유에 이른다. 시인의 투시적 상상은 소의 눈에서 수천만 년 동안 잠재된 시간의 지층을 떠올린다.

이번 시집에서 시인 특유의 투시적 상상력은 기억이나 시간의 흔적을 복원하는 데 유용하게 작동된다. 가령 도로 위에 길게 이어진 두 줄기 타이어 자국은 "단말마로 악쓰다가 아스팔트 바닥에 붙어버린 마음"(「타이어」)의 흔적을 드러내고, 명태의 악쓰는 얼굴은 "필사적으로 벌렸다가 끝내 다물지 못한 입을/다시는 다물 생각이 없는 것 같다"(「명태」)는 최후의 장면을 연상시킨다. 아스팔트에 스며든 검붉은 얼룩과 흰 스프레이의 흔적도 시인에게는 놓칠 수 없는 관찰의 대상이다. "시속 100킬로미터의 바퀴들이 그를 밟고 지나간다/그는 바퀴들이 더 잘 지나갈 수 있도록 더 납작해진다"(「흰 스프레이」)는 식의 특유의 냉담하고 사실적인 묘사가 살아난다. 물화된 시간의 자취에서 시인은 극적으로 응축된 기억의 흔적을 복원해낸다. 모든 존재는 아프고 격렬했던 삶의 자취를 남긴다. "슬픔이 흘러나온 자국처럼 격렬한 욕정이 지나간 자국처럼"(「얼룩」) 물렁물렁하고 축축한 기억의 흔적은 바싹 마른 물화된 현재를 견디는 힘이 된다.

세월이 중첩된 얼굴만큼 시간의 자취를 선연하게 드러내는 것은 드물다. 「아줌마가 된 소녀를 위하여」에서는 중년의 여자에게서 30년 전 소녀의 모습을 애써 반추해낼 때의 애잔한 심사를 그리고 있다. "긴 세월은 남편이 되고 아이들이 되어/네 몸에 단단히 들러붙어/마음껏 진을 빼고 할퀴고 헝클어뜨려놓았구나"에서와 같이 얼굴은 세월의 풍파를 담고 있다. 노인의 얼굴은 시간의 덧없는 흐름에 대한 거부할 수 없는 증거이다. 노인들의 얼굴에 대한 묘사는 물화된 이미지에 투영돼 그 무상감이 더욱 강조된다. 「전자레인지」에서는 불도 없는 전자레인지에서 바짝 익혀서 나오는 생선과 경로당에서 나오는 쭈글쭈글한 할머니의 모습을 나란히 병치시켜놓는다. 「귤」에서도 어두운 방 안에 혼자 '놓여 있는' 노인과 마찬가지로 방 안에서 쭈그러들고 말라가는 귤 한 봉지를 대비시키고 있다. 세월에 속수무책으로 침식당한 노인들의 얼굴은 거역할 수 없는 시간의 흐름을 증명한다.

오랜 시간의 흐름이 축적된 흔적을 복원하는 데 있어 시인의 투시적 상상력은 평면적 관찰을 넘어서 역동적인 사유의 진폭을 드러낸다. 시간의 흔적을 복원하는 시인의 상상은 활기차고 감각적이다.

> 솔잎도 처음에는 널따란 잎이었을 터.
> 뾰족해지고 단단해져버린 지금의 모양은
> 잎을 여러 갈래로 가늘게 찢은 추위가 지나갔던 자국.
> 파충류의 냉혈이 흘러갔던 핏줄 자국.
>
> 추위에 빳빳하게 발기되었던 솔잎들
> 아무리 더워져도 늘어지는 법 없다.
> 혀처럼 길게 늘어진 넓적한 여름 바람이

무수히 솔잎에 찔리고 긁혀 짙푸르러지고 서늘해진다.

지금도 쩍쩍 갈라 터지는 껍질의 비늘을 움직이며
구불텅구불텅 허공으로 올라가고 있는 늙은 소나무.
그 아래 어둡고 찬 땅 속에서
우글우글 뒤엉켜 기어가고 있는 수많은 뿌리들.

갈라 터진 두꺼운 껍질 사이로는
투명하고 차가운 피, 송진이 흘러나와 있다.
골 깊은 갈비뼈가 다 드러나도록 고행하는 고승의
몸 안에서 굳어져버린 정액처럼 단단하다.

―「소나무」 전문

이 시에서는 소나무의 형상을 둘러싼 갖가지 흥미로운 상상의 작용이 나타난다. 뾰족하고 단단한 솔잎은 혹독한 추위를 견디기 위해 진화된 형태라는 과학적 상식과 더불어 "파충류의 냉혈이 흘러갔던 핏줄 자국"이라는 비약적 상상도 불러일으킨다. 파충류를 연상시키는 소나무 줄기에서 실핏줄처럼 이어지는 솔잎의 생태를 동물적으로 치환시켜 얻어낸 비유이다. 이 시에서는 줄곧 소나무의 동물적 이미지를 강조함으로써 생동감을 확보한다. "추위에 빳빳하게 발기되었던 솔잎들"과 "혀처럼 길게 늘어진 넓적한 여름 바람"의 접촉은 그 동물적 이미지로 인해 더욱 예리한 감각을 자아낸다. "구불텅구불텅 허공으로 올라가고 있는 늙은 소나무"는 거대한 파충류의 형상을, "우글우글 뒤엉켜 기어가고 있는 수많은 뿌리들"은 다족류를 연상시키며, 움직임으로 가득한 동물성의 세계를 형성한다. 마지막 부분에서는 송진의 묘사를 통해 동물성이 순화된 정신적 이미지를 확보하기에 이른다. "갈라 터진 두꺼운 껍질"의 강한 동물성은 "투명하고 차가운 피"인 송진과 화합하여 승화의 경지를 드러낸다. 그리하여 강력한 동물성을 억제한 채 고고한 기품을 드러내는 소나무의 이미지는 오랫동안 수련을 행한 고승의 이미지와 절묘하게 일치하게 된다. 동물의 형상과 생태에 대한 탁월한 관찰과 묘사를 행했던 시인은 식물에 대해서도 특유의 긴장감과 활력을 부여한다. 정적 속에 깃든 역동성을 포착하는 투시적 상상력이 작용한 것이다.

 식물이 함축하고 있는 역동성을 투시하기 위해 시인은 더욱 치밀한 집중과 활달한 상상을 동원한다. 고도로 정밀한 관조는 "일평생 꼼짝 못하고 한 자리에만 있어 외롭고 심심할 줄 알았"던 나무에게서 '가만히 있는 것 같지만 쉬지 않고 움직이는 구불구불한 길'과 '불룩한 배를 가지마다 매달아놓고 무겁게 흔들리는 자궁'을 발견한다.

  우글우글하구나 나무여
  어느 다리보다 먼 길을 걸어온 네가 발산하는 침묵은
  발 다리 달린 벌레며 짐승들이 매일 들으며 자라는 너의 침묵은
  잎에서 잎으로 길로 허공으로 퍼져나가 산처럼 거대해지는
 너의 침묵은 ──「우글우글하구나 나무여」 부분

 이 시에서도 땅에 붙박여 있는 줄만 알았던 나무는 '우글우글'한 생명력이 넘치는 동물적 이미지로 그려진다. 잔

가지와 실뿌리에까지 이르는 무수한 길을 함유한 나무는 어느 다리보다 먼 길을 걸어왔다 할 만하다. 보이지 않는 무수한 길을 걸어온 나무는 들리지 않는 거대한 침묵의 세계를 상상하게 한다. 침묵 속에서 만물을 관장하는 보이지 않는 생명의 작용을 떠올리게 한다.

'거대한 침묵'에 대한 시인의 투시적 상상력은 가시적 영역을 넘어서는 역동적 사유와 관련된다. 이로 인해 고요한 대상에서 우글우글한 생명을 발견하고 들끓는 대상에서 공허한 본질을 통찰하는 것이 가능해진다. '거대한 침묵'의 소리를 듣기 위해서는 세상의 소음에 가려진 작고 여린 소리에 귀 기울이는 관조와 집중이 필요하다. 그것은 텔레비전을 껐을 때 풀벌레 소리가 잘 들리는 것처럼 고요한 소리를 받아들일 준비가 되었을 때 비로소 들을 수 있는 소리이다. "귀뚜라미나 여치 같은 큰 울음 사이에는/너무 작아 들리지 않는 소리도 있다/그 풀벌레들의 작은 귀를 생각한다/내 귀에는 들리지 않는 소리들이 드나드는/까맣고 좁은 통로들을 생각한다/그 통로의 끝에 두근거리며 매달린/여린 마음들을 생각한다"(「풀벌레들의 작은 귀를 생각함」)고 할 때의 섬세하고 열린 감각이 있어야 들리는 소리이다.

'소리'에 대한 감각은 다른 어떤 감각보다도 정밀한 집중을 요구한다. 시인은 시각적 묘사 이상으로 청각적 묘사에 민감하다. 「머리 깎는 시간」에서 그려지는 가위 소리는 청각이 시각화되는 흥미로운 양상을 보여준다. "가위 소리에서/찰랑찰랑 물소리가 나도록 귀 기울여" 들을 때 "가위 소리는 점점 많아지고 가늘어지더니/창밖에 가득 빗방울이 떨어진다./흙에, 풀잎에, 도랑에, 돌에, 유리창에, 양철통에/저마다 다른 빗소리들이 서로 겹쳐지는 소리./처마에서 새끼줄처럼 굵게 꼬이며 떨어지는 소리"에서 머리 깎는 소리는 다채로운 빗방울 소리로 변주된다. 갖가지 소음 속에서 어떤 소리를 가려듣기 위해서는 마음의 움직임에 고요하게 귀 기울이는 정밀한 집중이 필요하다.

시인은 도시의 소음 속에서 들려오는 자연의 음악을 '기이한 은총'이라고 여긴다. "스스로 폭풍이 되고 천둥이 될 만큼 거대해진 소음 속에서/어지럽게 쌓인 음과 가락이 서로 부딪치며 섞이다가/우연히 한 음을 얻어"(「기이한 은총」) 찾아온 것이겠지만 마음이 움직여 붙잡은 음악 소리에 경탄한다. 시인이 복잡하고 소란스러운 도시에서 종종 자연의 은총을 발견할 수 있는 것은 마음의 움직임을 좇는 집중적인 관조에 의해 가능하다. 현상의 단면을 뚫고 내밀하게 다가오는 또 다른 감각에 문을 열어놓기 때문이다. 이런 통찰력이 깃든 섬세한 감각은 도시적 삶과 자연이 맞닿는 지점에서 예리하게 작동한다.

시집 『사무원』에서부터 도시적 삶의 생태를 본격적으로 그리기 시작했던 시인은 이번 시집에서도 도시화로 인해 전반적으로 변화된 삶의 양상에 대한 비판적 성찰을 기조로 하고 있다. 전면적인 도시화는 자연의 구석구석까지 영향을 끼치고 있다. 시인이 즐겨 다루었던 동물의 생태도 도시라는 특정한 배경 속에서 새롭게 그려진다. 곤충 같은 하등 동물의 묘사에 남다른 개성을 드러냈던 시인은 이번 시집에서는 도시화로 인해 변화된 그들의 생태를 흥미롭게 묘사한다.「유리창의 송충이」에서는 고층 아파트 유리창에 붙은 송충이의 힘겨운 움직임을, 「그들의 춘투」에서는 불빛이 흘러나오는 빌딩 창에 부딪혀 나방떼가 즐비하게 떨어져 있는 모습을 그리고 있다. "가도가도 거대한 평면 사각뿐"인 고층 빌딩과 "벽처럼 딱딱한 공기"를 그들은 끝내 이해할 수 없을 것이다. 비둘기처럼 환경의 변화에 놀랍게 잘 적응하는 경우도 있긴 하다. 그러나 "가볍게 경적과 속도를 피하며/가게에서 물건을 고르듯 느긋하게 모이를 고른다"(「상계동 비둘기」)는 비둘기들도 어딘지 불안하고 위태로워 보이기는 마찬가지다. 오랫동안 자연의 리듬에 맞춰서 살아온 노인들도 도시의 리듬에 맞지 않는 소외된 존재이다. "할머니가 필사적으로 꿈틀거리는 동안/꿈틀거릴수록 점점 작아지는 동안/승객들은 빈틈을 더 세게 조이며/더욱 견고한 벽이 되고 있었다"(「벽」)나 "아무리 급해도 도저히 빨라지지 않는 걸음이었다./죽음이 여러 번 과속으로 비껴간 걸음이었다"(「무단 횡단」)의 할머니들은 모두 도시의 폭력적인 생태 속에서 불안하게 살아가고 있다. 시인이 줄곧 관심 있게 지켜보았던 동물이나 노약자들은 도시적 공간 속에 놓일 때 더욱 왜소하고 위태로운 처지로 나타난다. 자연의 리듬을 파고들어온 도시적 삶은 약자를 보호하고 포섭하기보다는 배척하고 도태시키는 양상을 보이는 것이다.

전면적인 도시화 속에서 자연이 본래의 위치와 기능을 유지하기는 쉽지 않아 보인다. 도시의 불모성을 중화시키기 위해 생활 속에 자연을 끌어들이려는 인위적인 노력이 행해지기도 하지만 그 실상은 자연스럽지 못하다.

펜과 자판(字板)에 익숙한 손으로 삽과 호미를 쥐어본다. 컴퓨터 모니터와 종이에 익은 눈으로 나무와 풀과 흙을 탐욕스럽게 만져본다. 냉난방으로 희어진 피부에 작살 같은 햇살을 꽂아본다. 액셀러레이터와 엘리베이터에 익숙한 발바닥으로 흙을 맛나게 핥아본다. 먼지 가득한 터널 같은 콧구멍에 풀냄새 바람도 양껏 넣어본다.

텃밭 노동이란 얼마나 사치스러운 휴식인가. 서울 변두리 산자락 풍경과 바람은 이 호사 취미에게 선뜻 다가오지 못하고 주위를 머뭇거리며 맴돌기만 한다. 돌 많은 흙은 어색한 삽날을 물고 악착같이 저항한다. 전원의 휴식을 즐기는 맛이 어떠시냐며 흙 속에서 나온 건축 쓰레기들이 비웃는다.

—「주말 농장」 부분

도시에 적응하지 못하는 경우가 있는 것처럼 자연과 접촉하는 것이 어색해진 경우도 있다. 도시적 삶에 익숙한 대다수의 사람들이 그렇듯이 이 시의 화자도 자연에 친숙하지 못하고 줄곧 거리감을 드러낸다. '쥐어보고' '만져보고' '꽂아보고' '핥아보고' '넣어보는' 인위적인 방법으로 자연에 접하려 한다. '머뭇거리며 맴돌거나' '악착같이 저항하거나' '비웃는 듯한' 자연의 느낌은 양자 사이의 거리감을 보여준다. 호사 취미에 가까운 주말 농장의 경험은 자연과의 친밀감보다는 거리감을 확인시켜줄 뿐이다. 그림에도 끊임없이 자연과의 소통을 도모하는 것은 자연이 보유한 건강한 생명력과 본원에 대한 향수를 충족시키기 위해서일 것이다. "의자 노동과 안경 노동이 있는 곳으로 돌아가기 전에 근육과 허파를 혹사하며 마지막까지 즐겨보는" 삶의 별미를 제공해주기 때문일 것이다.

우리의 삶은 자연 속의 노동으로 돌아가기에는 지나치게 변화되었다. 도시의 생태가 자연을 왜곡시키며 공존하는 불안하고 위태로운 상태에 있다. 그러나 자연은 놀랍게도 인위적으로 잘리고 꺾이면서도 어김없이 생명의 작용을 거듭한다. 가장 수동적이고 연약한 생명인 식물의 놀라운 생명력은 시인에게 끊임없는 찬탄의 대상이 된다.

무성한 잎으로 여러 상점들 간판을 가리던 나무 하나는 분노한 톱에 베어져 그루터기만 남아 있습니다. 한때 생명을 담았던 그 그릇에는 파문을 일으키며 퍼져가는 나이테가 있습니다. 그 나이테의 무늬 속에는 생명이 바삐 드나들던 맑은 소리와 함께 혹한의 시간과 두꺼운 매연과 소음이 레코드판처럼 녹음되어 있습니다. 목 없는 통닭의 다리처럼 움직이지 않는 뿌리는 여전히 힘차게 땅을 움켜쥐고 있습니다.

녹슨 상수관과 부글부글 끓는 하수도, 전화선과 가스관이 어지럽게 매설된 땅속에 가로수들은 시추공처럼 박혀 있습니다. 그래도 봄이 오면 어김없이 매장량이 무한대인 초록빛을 뽑아올립니다. 고엽제 같은 매연에도 아랑곳하지 않는 저돌적인 생명, 그 고집불통의 습관을 막을 힘이 이 가로수들에게는 없습니다. 모두가 지루하고 긴 삶을 각오한 지 오래입니다.

——「가로수」 부분

가로수는 도시에 수용된 자연의 단적인 예로서 대부분

이 도시의 편의에 의해 이리저리 자르고 함부로 다루어 만신창이가 된 모습을 하고 있다. 간판을 가리던 나무는 그루터기까지 잘려나가고 만다. 나무의 전 생애를 증명하는 나이테 속에는 생명과 시간과 삶의 흔적이 고스란히 기록되어 있다. 이 나무도 한때는 "생명이 바삐 드나들던 맑은 소리"로 가득했던 것이다. 나무는 도시의 혼탁한 공기와 소음을 중화시키는 맑은 생명의 저장소이다. "공기 속에서 떠돌아다니는/투명한 심장과 미세한 허파와 안개 같은 핏줄들"(「맑은 공기에는 조금씩 비린내가 난다」)에는 혼탁한 정신을 깨우는 청량한 기운이 들어 있다. 힘차게 땅을 움켜쥐고 땅속 깊은 곳에서 퍼 올린 생명이 작동하고 있는 것이다. 가로수의 '저돌적인 생명'과 '고집불통의 습관'을 확인하는 시인의 어조는 경이와 찬사를 역설적으로 드러내고 있다.

어떤 생물보다도 오래 지속되어온 생명의 본능이 척박한 도시의 환경 속에서도 초록빛을 뿜어 올린다. 초록의 경이는 이번 시집에서 가장 집중적으로 조명되는 생명의 작용이다. 그동안 동물이나 인간의 생태에 관심을 기울이던 시인은 초록의 놀라운 역동성을 새롭게 주목하기 시작한다.

> 잠깐 초록을 본 마음이 돌아가지 않는다.
> 초록에 붙집힌 마음이
> 초록에 붙어 바람에 세차게 흔들리는 마음이
> 종일 떨어지지 않는다
> 여리고 연하지만 불길처럼 이글이글 휘어지는 초록

땅에 박힌 심지에서 끝없이 솟구치는 초록
나무들이 온몸의 진액을 다 쏟아내는 초록
지금 저 초록 아래에서는
얼마나 많은 잔뿌리들이 발끝에 힘주고 있을까
초록은 수많은 수직선 사이에 있다
수직선들을 조금씩 지우며 번져가고 있다
직선과 사각에 밀려 꺼졌다가는 다시 살아나고 있다
흙이란 흙은 도로와 건물로 모조리 딱딱하게 덮인 줄 알았는데
이렇게 많은 초록이 갑자기 일어날 줄은 몰랐다
아무렇게나 버려지고 잘리고 갇힌 것들이
자투리땅에서 이렇게 크게 세상을 덮을 줄은 몰랐다
콘크리트 갈라진 틈에서도 솟아나고 있는
저 저돌적인 고요
단단하고 건조한 것들에게 옮겨 붙고 있는
저 촉촉한 불길　　　——「초록이 세상을 덮는다」 전문

초록은 다른 무엇보다도 강하게 시인의 마음을 붙잡는 대상이다. 한없이 일렁이며 눈길을 잡아끄는 촛불 같은 초록의 불길에 사로잡힌 것이다. 초록의 놀라움은 "여리고 연하지만 불길처럼 이글이글 휘어지는" 유연하고 역동적인 작용에서 기인한다. 나무를 초록빛으로 타오르는 불길로 묘사함으로써 시인은 생명의 활력을 강조하고 있다. 그의 투시적 상상은 한 자리에 붙박인 나무의 수동적 자세에서도 잔뿌리들이 발끝에 잔뜩 힘을 주고 있는 듯한 역동적인 장면을 연출해낸다. 견고하게 덮인 도시의 콘크리트 바닥에서 용솟음치고 있는 약동하는 기운을 포착해낸다. 나

무들은 고요한 침묵 속에서 온 힘을 다해 초록의 진액을 쏟아내고 있는 것이다. 초록의 경이는 그것이 "아무렇게나 버려지고 잘리고 갇힌 것들"에서 일어나기 때문이다. 직선과 사각으로 단단하게 재단된 도시의 구조를 용케도 비집고 나타나기 때문이다. 불길처럼 휘어지고 솟구치는 초록의 작용은 직선과 사각으로 굳어버린 도시에 생명과 활기를 부여한다. 초록의 '촉촉한 불길'은 '단단하고 건조한' 죽음의 도시에 숨통을 틔워준다. 초록의 이 막강한 힘은 '저돌적인 고요'에서 기인하는 것이다. 이는 지극히 고요한 가운데 만물을 움직이는 자연의 작용과도 같다.

  정적 가운데 내포된 강력한 힘의 작용을 포착하는 것은 시인의 개성적인 영역을 이루어왔다. 하등 동물이나 불구의 신체가 보여주는 동작에서 기이한 생명의 느낌을 포착하던 시인은 이번 시집에서 식물성의 더 완강한 고요의 세계에 천착한다. 오랜 시간의 지층과 유구한 생명의 본능이 잠재되어 있는 '거대한 침묵'의 내면을 통찰한다. 정밀한 관찰에 더해지는 상상의 활력이 침묵 가운데 들끓는 생명의 기운을 들추어낸다. 텅 빈 죽음의 대지를 뚫고 솟구쳐 오르는 초록의 불길은 불모의 현실에 대한 무언의 예지를 드러낸다. 미약하고 수동적인 존재들에서 역동하는 생명의 징후들을 발견했던 시인에게 초록의 자연은 가장 오래고 강한 생의 증명이 되어준다. 치밀한 관찰에 주력하던 것에서 대상과의 교감과 소통을 도모하기 시작한 것도 주목할 만한 변화이다. 매번 의미 있는 변화를 도모하며 긴장감을 잃지 않는 그의 시적 구도(求道)의 자세는 시인의 운명과 의지에 대한 진지한 답변이 되어준다. 소를 닮은 시인이

'소 찾기'에 열심인 것도 지켜볼 만하다. 문학의 궁극적인 지점은 자기를 발견하는 것이기에.